(H)alles Worte

Ulrike Bock
Stefanie Grimm
Madleen Köppen
Gerhard Meiser
Sandra Ribbe

(H)alles Worte

mit Bildern von Ludwig Franz

Ulrike Bock

Stefanie Grimm

Madleen Köppen

Gerhard Meiser

Sandra Ribbe

Impressum

1. Auflage
Satz und Druck: Buchfabrik JUCO GmbH • www.jucogmbh.de
© Projekte-Verlag 188, Halle 2005 • www.projekte-verlag.de
ISBN   3-86634-024-9
Preis: 20,00 EURO

INHALT

Schorschi das Maskottchen 7

Einleitung 9

Der Hallische Dialekt und seine Geschichte 11

Entstehung und Gebrauch von Dialekten 15

Zur Geschichte der Stadt Halle 21

Dr Hallsche Dialekt 25

Das Stadtwappen von Halle an der Saale 30

Halle an der Saale – Stadt der Rekorde 30

Die Salzwirker-Brüderschaft im Thale zu Halle 33

Halles Persönlichkeiten 35

Befragungen der hallischen Bevölkerung 37

Des Rätsels Lösung 43

Glossar 45

Quellenangaben 49

Der Roland wechselte häufig seinen Standort am Markt, bevor er endgültig seinen Platz am Roten Turm fand

SCHORSCHI, DAS MASKOTTCHEN

Hallo!
Ich bin der „Schorschi" – ein kleiner, kesser Maulwurf und das Maskottchen des halleschen Salzfestes!
Ihr wundert euch sicher über meinen außergewöhnlichen Kleidungsstil. Aber als ich meine ersten Schritte auf halleschen Boden setzte, lenkten sie mich direkt auf den hiesigen Marktplatz. Dort traf ich auf das bronzene Ebenbild des Komponisten Georg Friedrich Händel.
Von diesem genialen Tonsetzer inspiriert, legte ich mir einen Wams und einen herrlichen Zweispitz zu.

Auch meinen Namen verdanke ich dem musikalischen Sohn der Stadt. Allerdings war mir „Georg" ein wenig zu bieder, „Schorschi" klingt da schon viel cooler!
Also, jetzt wisst ihr wer ich bin und da ich ständig mit neugierigen Augen nach allen Neuigkeiten in der Stadt Halle Ausschau halte, ist mir auch dieses hier vorliegende Werk über Halle und seinen „Dialekt" nicht entgangen.

Ich werde euch auf der Reise durch Halle und seine sprachlichen Eigentümlichkeiten begleiten!

Viel Spaß wünscht euch
euer Schorschi

Turmmusik auf den Hausmannstürmen

EINLEITUNG

Der Ursprung dieses kleinen Buches liegt schon einige Zeit zurück:
Im Anschluss an eine Sitzung des Seminars ‚Sprache und Dialekt' im Wintersemester 2002/2003 an der Martin-Luther-Universität Halle-Wittenberg unter der Leitung von Professor Gerhard Meiser schlossen sich einige Studentinnen zu einer Arbeitsgruppe zusammen, deren Ziel es war, einige sprachliche Merkmale des Hallischen „Dialekts" näher zu beleuchten.
Ist er tatsächlich so anders als andere Dialekte und besteht diese Mundart – wie manche meinen – in erster Linie aus Begriffen, die einen hauptsächlich zum Schmunzeln anregen?

Am Ende ist aus dieser Auflistung etwas mehr entstanden, als nur einige Wortlisten und Witziges aus der hallischen Sprachregion. Bei unserer eher lustig angelegten Arbeit halten wir es vorab für sehr wichtig, uns von der ewigen Diskussion voll und ganz zu distanzieren, ob das Hallische nun überhaupt ein „Dialekt" sei, oder nur eine „Mundart". Denn darüber sind sich selbst die Germanisten nicht immer ganz einig.

Unsere Ausarbeitung soll auch keine hochwissenschaftliche Abhandlung sein, sondern einfach das Hallische so darstellen, wie wir selbst es gerade in unserer Zeit hören und teilweise auch selbst sprechen. Dabei wollen wir diesen Dialekt und seinen Gebrauch ein bisschen „rechtfertigen" und zu mehr Anerkennung verhelfen. Denn all zu oft verbinden sich negative Assoziationen mit allen dem Sächsischen verwandten Dialekten.

Zu beachten ist aber bei unseren Sammlungen, dass unsere Beispiele für „Halles Worte" teilweise nicht nur dort gelten und auch nicht von allen Hallenser/innen gebraucht werden. Da kann es schon einmal vorkommen, dass ein und dieselben Redewendungen in einigen anderen deutschen Regionen genau so verwendet werden und dass einige Hallenser wiederum diese gar nicht kennen oder gebrauchen. Daran kann man sehr gut die große Sprachvarietät des Deutschen erkennen, mit der sich viel intensiver als wir die Germanisten beschäftigen und sie wissenschaftlich erklären.

Viel wichtiger ist uns bei der Arbeit gewesen, echte Beispiele aus der Hallenser Bevölkerung zu sammeln und diese in unserer Ausarbeitung zu verwenden. So ist es uns gelungen, eine breite Schicht der Hallenser zu ihrem Dialekt zu befragen. Dadurch können wir nun diesen recht markanten Sprachstil in seiner momentanen Ausprägung darstellen.

Ablasshandel an der Martinskapelle, die sich auf dem Gelände des heutigen Stadtgottesackers befand und dem Martinsberg seinen Namen verlieh

DER HALLISCHE DIALEKT UND SEINE GESCHICHTE

1. „Hallisch" oder „Hallesch"?

Zu der alten Streitfrage, ob „hallisch" oder „hallesch" richtig ist, gibt das Wörterbuch: „Der Duden" klare Auskunft. Hier ist zu finden:

„Halle (Saale), Stadt an der mittleren Saale
vgl. Hallenser;
hallesch vgl. hallisch;"

und unter dem Wort „hallisch" findet man:

auf Halle (Saale) bezüglich;
aus, von Halle (Saale)

Das Wort „hallesch" ist also an den Ort Halle gebunden. Das wird deutlich in den Firmennamen, wie „Hallesche Maschinenfabrik" oder „Hallesche Nachrichten".
Das Wort „Hallisch" wird dagegen auf Halle bezogen, wie z.B. „Hallischer Speckkuchen" oder „Hallische Händelfestspiele".

nach Osterloh, aus: „Typisch Hallisch"

Alles klar?!

2. Beschreibung des halleschen Dialekts

„Der Hallenser hat eine unnachahmliche Sprechweise und Klangfarbe, die bedeutend rauher und forscher klingt als das gemütlich – singende Sächsisch.
Typisch ist auch das betonte „wa" am Satzende. Der Hallenser spricht schnell und damit undeutlich, oft auch nuschelig."

nach Hans-Joachim Schmidt, aus: „Typisch Hallisch"

In einer großen Stadt wie Halle (Nord – Süd – Ausdehnung fast 20 km) lassen sich verschiedene Ausformungen des lokalen Dialektes feststellen:
- Es gibt das „Alt-Hallische" im Stadtzentrum, innerhalb der früheren Stadtmauer (des heutigen „Rings").
- Das „Glauchisch" wurde um den ehemaligen Vorort Glaucha, im südlichen Teil von Halle gesprochen.
- Eine andere Sprachform wurde im nördlichen Teil, um den Neumarkt herum, in Giebichenstein und Trotha gebraucht.

nach Osterloh, aus „Typisch Hallisch"

3. „Die Sprachwende in Halle"

(nach Alfred Hoschke)

Nach der Völkerwanderung – vor gut 1500 Jahren – vollzog sich ein Lautwandel in Deutschland, der bis heute einen ungeheuren Einfluss auf die deutschen Dialekte hat: In den ober- (süd-) und mitteldeutschen Dialekten trat die sogenannte „Lautverschiebung", im Niederdeutschen blieb sie aus. Dadurch erhielten viele Wörter in den verschiedenen Dialekten eine ganz unterschiedliche Gestalt. Zum Beispiel wurden bei in den süd- und mitteldeutschen Dialekten *p* zu *pf* (*Appel – Apfel*), *t* zu *z*, *s / ß* (*tu – zu; dat – das / daß; wat – was*) und *k* zu *ch* (*ik – ich*). In allen niederdeutschen Dialekten vom Westfälischen bis nach Mecklenburg-Vorpommern (und auch im Mittel- und Niederfränkischen, gesprochen am Mittel- und Niederrhein) heißt es dagegen noch „*wat*" und „*dat*".
In Halle sprach man im Mittelalter Niederdeutsch (das im heutigen „Platt" fortlebt). Das zeigt sich etwa an den Formen *Water* und *Holt* für „Wasser" und „Holz" in der Antwort der Arbeiter an den Bischof (Geschichte vom Stadt-

wappen). Dies blieb so bis ins 14. Jahrhundert. Erst im 15. Jahrhundert ging man hier zur oberdeutschen („mitteldeutschen") Sprachform über.

Aber warum kam es zu diesem späten Wechsel?

Bevor die oberdeutsch-niederdeutsche Sprachgrenze Halle erreichte, war diese Sprachgrenze schon rund 1.000 Jahre im südlichen Deutschland „in Fluss" gewesen.
Von Bayern südlich der Donau schob sie sich weiter zu den Franken, von dort aus bis zum thüringischen Erfurt. Somit wurden auch süddeutsche Sprachformen nach Thüringen gebracht. Bis zum Jahr 1300 hatte sich die Sprachgrenze zwischen Ober- und Niederdeutsch zum Nordrand des heutigen Thüringen vorgearbeitet, und kam über den Südrand des Harzes Halle immer näher. Kurz vor der Stadt bog sie aber „auf halben Wege" nach Süden ab und machte einen flachen Bogen um Merseburg und Leipzig herum.

Diese Verzögerung bei der Verschiebung der Sprachgrenze hatte folgenden Grund. Im 12. Jahrhundert wurden niederdeutsche Bauern als Siedler ins Gebiet um Magdeburg, Halle, Merseburg und Naumburg gerufen. Dieser Ruf wurde besonders im ganzen Küstengebiet der Nordsee gehört, das damals von zahlreichen Sturmfluten heimgesucht wurde. Somit folgten große Menschenmassen bereitwillig der Einladung und ließen sich an Elbe und Saale nieder. Eine Schar von Siedlern kam sogar bis an den Südrand der Halle-Leipziger Tieflandsbucht. Nach Halle kamen so Gewerbetreibende, wie z.B. Tuchmacher. Ebenso ließen sich die Menschen in den Niederungen der Flüsse Reide und Götsche und in der Umgebung von Könnern nieder.

Diese starke flämische Zuwanderung dürfte vermutlich der Grund sein, dass sich die niederdeutsche Mundart bis ins 15. Jahrhundert in Halle gehalten hat. Ein weiterer Grund war Halles Zugehörigkeit zum mächtigen Städtebund der Hanse, denn deren Amtssprache war das Niedersächsische.

Die Sprachgrenze setzte sich wieder in Bewegung.

Neben der norddeutschen Siedlerbewegung gab es noch eine süddeutsche, die vom Main her kam, und eine mitteldeutsche, die aus Thüringen über Saale und Elbe vorrückte. Die drei Bewegungen vermischten sich um die Städte Halle, Leipzig, Wittenberg, Meißen und Dresden. Daraus entstand die obersächsische oder meißnersche Mundart. Hier hatte sich inzwischen neben der „ersten Lautverschiebung" (s.o.) eine zweite wichtige Lautveränderung ereignet: die „Spaltung" (Diphthongierung) der langen Selbstlaute: *i, u, ü* zu *ei, au, eu* (*rich – reich*; *Hus – Haus*; *Lüte – Leute*).
Mit den Hussitenunruhen nach 1400 in Böhmen verlegten die Nürnberger ihren Handelsweg, der bisher durch Tschechien nach Breslau gegangen war, nach Norden über Leipzig. Damit wurde Leipzig zu einem „Vorort" von Nürnberg, man sagte auch „Nürnbergs Erbe". Zahlreiche Zuwanderungen von Kaufleuten aus Nürnberg und der Maingegend ließen deshalb nicht lange auf sich warten. Auf diese Weise sprach die Oberschicht der Leipziger Bevölkerung eine Mundart, in der die Eigenheiten des Fränkischen deutlich hervortraten. Dieses Leipziger Obersächsisch gewann in Deutschland bis ins 18. Jahrhundert das Ansehen, die beste Mundart zu sein. Mit dem Handel ging es nach Osten, Westen und Norden. Auf der Handelsstraße von Leipzig nach Hamburg lag Halle. Im 15. Jahrhundert ging auch Halles Oberschicht dazu über, wie in Leipzig, Obersächsisch zu sprechen. Ihrem Beispiel folgte im Laufe der Jahrzehnte auch die übrige Bevölkerung.

Dadurch war die Sprachgrenze wieder in Bewegung geraten, ging über Halle hinweg und erreichte im Jahr 1500 eine Linie, die sie ungefähr auch heute noch beibehält. Aus dem Westen kommend, verläuft sie von Lauterberg am Südharz quer über den Unterharz nach Ballenstedt, von da über Aschersleben an die Saalemündung und hält sich dann ostwärts an der Elbe entlang bis Coswig. Diese Linie ist die Sprachscheide zwischen den oberdeutschen und niederdeutschen Mundarten.

Der schwedische König Gustav Adolf und ein Hallorenjunge

ENTSTEHUNG UND GEBRAUCH VON DIALEKTEN

Zu Halle gehört also seine typische Sprachform wie das Händeldenkmal auf dem Markt. Ob diese Sprachform nun ein Dialekt ist oder eine Mundart oder eine besondere Umgangssprache, darüber zu diskutieren wollen wir, wie schon gesagt, den Fachwissenschaftlern der Germanistik überlassen. Tatsache ist jedenfalls, dass diese besondere Sprachform so nur in dieser Stadt gesprochen wird – schon in Leipzig oder im Mansfelder Land um die Lutherstadt Eisleben, „klingt" die heimatliche Sprache anders, ganz zu schweigen von weiter entfernt liegenden Gebieten wie dem Erzgebirge, dem Thüringer Wald und dem Rheinland. Die Region, aus der wir kommen, macht sich bei unserem Sprechen übrigens auch dann durchschlagend bemerkbar, wenn wir selbst überzeugt sind, „Hochdeutsch" zu sprechen. Nur bei etwa 5 Prozent der Deutschen ist dieses Hochdeutsch so „chemisch rein", dass es auch für erfahrene Sprechwissenschaftler keinerlei Rückschluss auf die Herkunft der Sprecherin oder des Sprechers zulässt. Bei der Entführung des Millionenerben Jan Philipp Reemtsma im Jahre 1996 lieferte ein Tonbandmitschnitt einen ersten entscheidenden Hinweis auf einen der Entführer: die sprachliche Analyse ergab, dass er aus dem Rheinland stammte, jedoch einige Zeit in Hamburg gelebt haben musste, da seine Sprache neben einer rheinischen „Grundlage" typisch hamburgische Züge aufwies.

Die große Vielfalt regionaler Varianten – neben den „Hauptdialekten" wie (Ober-) Sächsisch, Alemannisch, Hessisch, Bairisch usw. gibt es unzählige „Unterdialekte" und davon wieder lokale Varianten – ist ein wesentlicher Zug unserer Sprache und Teil unseres kulturellen Erbes. Denn in dieser Vielfalt spiegelt sich die Geschichte des deutschen Sprachraums. Von Anfang an, d.h. seitdem vor ungefähr 1300 Jahren die ersten in (althoch-) deutscher Sprache geschriebenen Texte auftauchen, gibt es kein einheitliches Deutsch, sondern regionale Varianten wie Bairisch, Alemannisch, Fränkisch und das Altsächsische, aus dem sich das norddeutsche Platt entwickelt hat. Erst seit der Reformation und besonders seit dem 17. und 18. Jh. setzen Bemühungen ein, eine für alle Deutschen gemeinsame Form der Sprache neben die mehr oder weniger regional geprägten Varianten zu setzen.

> Sprachtest:
>
> Welches Insekt bezeichnet der Hallore liebevoll als „Mootschekiepchen"?
>
> a) den Marienkäfer
> b) die Biene
> c) den Maikäfer

Wie entstehen nun Dialekte?

In diesem kleinen Buch wollen wir nicht ausschließlich die bekannte Tatsache „klären", dass es einen hallischen Dialekt gibt, sondern auch Hinweise geben, wie er entstand.
Die Entstehung eines Dialektes ist von vielen verschiedenen Bedingungen abhängig.
Ausgangspunkt ist in jedem Fall grundsätzlich die Tatsache, dass Sprache sich verändern kann. Am ehesten stellen wir das beim Wortschatz fest, wo neue Wörter eingeführt werden und alte verschwinden. Wörter wie *Taschenrechner* oder *Dateiordner* oder *geil* hat es vor 50 Jahren noch nicht oder nicht in dieser Bedeutung („Geiz ist geil") gegeben. Aber auch die Aussprache ändert sich (die Großmutter sagte etwa noch *Hülfe* statt *Hilfe*) und schließlich auch die Grammatik. *Ich kaufe*

mir das Buch, weil es gefällt mir (statt *weil es mir gefällt*) hätte man vor 50 Jahren nicht gesagt. Heute gilt ein solcher Satz als „schlechtes Deutsch", aber in 20 oder 30 Jahren wird diese Ausdruckweise vielleicht ganz geläufig sein.

Warum sich Sprache überhaupt verändert, ist immer noch nicht ganz klar (abgesehen von den eindeutigen Fällen wie *Taschenrechner*, wo für einen neuartigen Gegenstand auch ein neues Wort geschaffen wird).

Eine Zeitlang wurde sogar vermutet, dass Faktoren wie Bodenbeschaffenheit oder das Klima einer bestimmten Region auf die Herausbildung eines Dialekts Einfluss nehmen. Man glaubte zu beobachten, dass etwa zwischen der Sprache in Gebirge und Ebene Unterschiede vorhanden sind. Es lässt sich aber kein Zusammenhang feststellen zwischen dem „Aussehen" von Dialekten und dem Aussehen der Landschaft, dass also etwa bestimmte Laute vor allem im Gebirge oder in waldreichen Regionen vorkämen usw. Man kann nur sagen, dass stark gegliederte Landschaften mit vielen natürlichen Grenzen (z.B. Bergkämmen) auch dialektal stark gegliedert sind, d.h. viele z.T. sehr unterschiedliche Dialekte aufweisen können.

In jedem Fall war in früheren Zeiten der „Kommunikationsradius" der Menschen sehr viel kleinräumiger. Man begegnete einander im eigenen Dorf, fuhr ab und an zum nächsten Marktort und zu seltenen Gelegenheiten vielleicht einmal in die „Haupt- und Residenzstadt" des eigenen Mini-Landes. Verhältnismäßig wenige Menschen kamen über dessen enge Grenzen hinaus. Sprachliche Veränderungen setzten sich deshalb erst einmal nur in solchen kleinflächigen „Kommunikationsräumen" durch; die Grenzen solcher sprachlichen Räume fallen deshalb auch im Allgemeinen mit den Grenzen alter Herrschaftsgebiete zusammen. Die Hallenser und Leipziger orientierten sich jeweils auf die Zentren ihres Landes, d.h. auf Magdeburg oder Berlin bzw. auf Dresden. Immer jedoch gehörten beide Städte verschiedenen Herrschaftsgebieten an. Deswegen besteht zwischen ihnen eine scharfe dialektale Grenze – nur ein oberflächlicher Hörer wird das Hallische mit der in Leipzig gesprochen Sprachform verwechseln. Eben deshalb lässt sich behaupten, dass sich in unseren Dialekten die deutsche Geschichte widerspiegelt. Von eher unglücklichen Perioden abgesehen, war Deutschland nie ein Einheitsstaat, vielmehr gehörten die Sprecher unserer Sprache stets unterschiedlichen Stämmen, Fürstentümern und Ländern an. Umgekehrt spielen in einem Zentralstaat wie Frankreich oder Russland Dialekte eine geringe Rolle.

Der besondere Klang ...

Dialekte unterscheiden sich vielfältig voneinander und vom Standarddeutschen. Sie kennen beispielsweise besondere Wörter – deshalb unsere Rätselfragen und unser kleines Glossar am Ende des Buches. Vor allem erkennen wir aber die Herkunft eines Menschen am besonderen *Klang*. Es ist immer noch nicht ganz erforscht, woran wir eigentlich – bei einiger Übung recht schnell – merken, dass jemand aus Sachsen, Schwaben, dem Ruhrgebiet oder Berlin usw. kommt. Ganz sicher spielt dabei aber die besondere Aussprache der Wörter eine Rolle. Warum also sprechen Hallenser, Leipziger, Bayern usw. die Wörter „anders" aus?

Ein wichtiger Grund für jede Veränderung der Aussprache liegt zweifellos in der Bequemlichkeit der Menschen: „unbequeme" Laute, die mehr Mühe beim Sprechen erfordern, werden oft in einfacher zu sprechende Laute umgewandelt. Häufig und gerade im Hallischen zu beobachten ist zum Beispiel der Wechsel von „*eu*" (gesprochen *oi*) zu „*ei*" (gesprochen *ai*) wie in „*heute*" zu „*heite*". Die bei -*o*- zu sprechende unbequeme Rundung der Lippen (probieren Sie es vor dem Spiegel aus!) fällt weg: die „schwierige" Aussprache wird mit der bequemeren vertauscht.

Die Vielfalt der Aussprachemöglichkeiten einiger Laute trägt nicht minder zu Veränderungen und Entstehung von Unterschieden in den einzelnen Sprachregionen bei. Betrachten wir zum Beispiel das „r": Sprachunterschiede entstehen dadurch, dass wir es entweder mit der Zungenspitze („gerolltes *r*", vor allem in Süddeutschland) oder aber mit dem Zäpfchen (nicht gerolltes „r") hervorbringen.

Keine unerhebliche Auswirkung auf die Mundart hat der Akzent. Vor allem werden durch den Akzent Stammsilben verlängert und Vor- bzw. Nachsilben verkürzt. Auch können schwach betonte Wörter eine ganz andere Form erhalten. Zum Beispiel wird gerade im Hallischen „*mir*" zu „*mer*". Oder „*habe ich*" zu „*hab'ch*".

Um bei sprachwissenschaftlichen Ausdrücken zu bleiben: kurze Vokale werden vielfach zu einem farblosem „*e*", aber auch zum Beispiel „*Birnen*" zu „*Bernn*".

Ebenfalls Einfluss auf die Aussprache in unserem Dialekt nehmen benachbarte Laute aufeinander. So werden zum Beispiel „*i*" und „*u*", die vor einem „*r*" vorkommen zu „*e*" bzw. „*o*". „Klassisch Hallisch" wird so der „*Wurm*" zum „*Worm*". Ähnlich verhält es sich mit der Veränderung der Konsonanten durch Nachbarlaute. Wie im Beispiel „*Markt*", der hallisch zu „*Marcht*" wird, kann man sehen, dass durch Einwirkung eines „*r*" oder „*l*" sich das dahinter liegende „*k*" in ein „*ch*" verwandelt.

Jedenfalls ist der wohl wichtigste Faktor bei der Entstehung von Dialekten das Sprachverhalten des einzelnen Menschen: sobald ein Einzelner eine andere – etwa eine bequemere – Artikulation gebraucht und an andere weitergibt, und sich dieser Prozess über Generationen hinweg erhält, entsteht eine neue Ausspracheregel und somit eine bleibende Artikulation.

So können nach diesem Muster immer wieder neue Abweichungen und Formen der Aussprache entstehen. Neben der Beschaffenheit der Sprachwerkzeuge eine Rolle spielt, wie schon erwähnt, die Bequemlichkeit der Menschen eine Rolle – einschließlich des mangelhaften Hinhören und des undeutlichen Weitergebens des Gehörten.

> Sprachtest:
>
> Welches Körperteil nennt sich auf hallisch „Lauscher"?
>
> a) die Augen
> b) die Finger
> c) die Ohren

Dialekte werden vielseitig beeinflusst und sind nicht mal eben auf die Schnelle entstanden, sondern haben sich in jahrzehnte- und jahrhundertelangen Prozessen entwickelt und erleben keinen Stillstand. Sprachwandel vollzieht sich auch heute noch, und gerade das macht die Dialektentwicklung und ihre Erforschung um ein weiteres Stück interessanter.

Ausbreitung und Erhalt von Dialekten

Wie auch immer solche Veränderungen irgendwo entstanden, von irgendjemandem verursacht worden sind, wichtig ist jedoch, dass sie von vielen anderen Sprechern einer Sprache übernommen werden.

Für alle Dialekte ist dabei eine entscheidende Frage, wie sich die jüngere Generation zum Dialektsprechen verhält. Denn oft ist es so, dass die Älteren an der alten Aussprache festhalten. Die junge Generation wird dagegen durch den Besuch der Schule mehr und mehr an die Schriftsprache herangeführt, so dass diese dann auch zur Alltagskommunikation verwendet wird. Zum anderen werden Medien für diesen „Generationsunterschied" beim Dialektsprechen verantwortlich gemacht: dank ihrer Allgegenwart können sich sprachliche Veränderungen sehr schnell und bis in den letzten Winkel des deutschen Sprachgebietes verbreiten. Über die Medien stehen alle Deutschen in indirektem Kontakt: die „Tagesschau" wird in Greifswald ebenso gesehen wie in Stuttgart. Entsprechendes gilt für die überregionalen Zeitungen. So kann es durchaus passieren, dass durch Zurückdrängung der ererbten (Dialekt) Aussprache zugunsten der Schriftsprache im Laufe des Wandlungsprozesses Kombinationen von Dialektformen und standardsprachlichen Formen entstehen wie zum Beispiel: *„keen Kleid"* (kein Kleid) anstelle von *„keen Kleed"*.

Warum sprechen manche Menschen Dialekt?

Die einfachste Antwort wäre: weil sie es nicht anders kennen und nicht besser können. Sicherlich gibt es gerade auf dem „flachen Land" und in kleineren Städten immer noch viele, die von vornherein keine Veranlassung und keinen Sinn darin sehen, anders zu sprechen als sie es seit jeher gewohnt sind und als ihre Umgebung spricht. Für sie ist der lokale Dialekt bzw. die regionale Umgangssprache ganz einfach die „normale" Sprachform; die „Hochdeutschberieselung" durch Fernsehen, Radio, Zeitung oder auch Schule ändert daran nichts.

Allerdings erklärt diese Antwort nicht, warum manche Menschen zumindest in manchen Situationen bewusst Dialekt sprechen oder ihrer Sprache wenigstens eine regionale Färbung geben. Für sie ist die regionale Variante Ausdruck ihres persönlichen So-Seins, ihrer Identität. Und zu diesem So-Sein gehört auch das Bewusstsein der eigenen regionalen Herkunft und das Bekenntnis dazu: „Ich bin Sachse, Hallenser, Bayer ...". Am deutlichsten äußert sich diese Her-

kunft nach außen aber in der typischen Form der gesprochenen Sprache: dass man Sachse ist, demonstriert man am besten durch Sächsisch-Sprechen. Schämt man sich allerdings seiner Herkunft, dann wird man auch versuchen, die entsprechenden sprachlichen „Signale" dafür zu unterdrücken und möglichst „reines Hochdeutsch" zu sprechen. Dass dies letztendlich nur wenigen wirklich gelingt, ist eingangs gesagt worden. Dennoch: wer nicht auf Anhieb für einen Sachsen, Bayern usw. gehalten werden will, wird sich bemühen, in seiner Sprache allzu offensichtliche Hinweise auf seine Herkunft zu vermeiden. In diesem Sinne hängt der Gebrauch der regionalen Sprachform mit dem eigenen Selbstbewusstsein zusammen.

Sprachtest:

Was macht der Hallenser beim „Kleechn"?

a) er arbeitet
b) er läuft
c) er redet

Nun gibt es auch eine Art „Selbstbewusstsein" oder Prestige – man könnte auch sagen: Stolz – „regionaler" Natur. Eine Stadt, eine Region, ein Land (oder vielmehr: dessen Bewohner) kann stolz sein auf die eigene ökonomische Leistungsfähigkeit, die geschichtliche Bedeutung oder die besonderen Traditionen. Je höher man das eigene „Regionalprestige" einschätzt, umso eher wird man seine Zugehörigkeit dazu unterstreichen wollen – und dies eben wiederum durch den Gebrauch einer regionalen Sprachform. Ein besonders markantes Beispiel hierfür ist die Schweiz: dort ist der mündliche Gebrauch des Hochdeutschen (natürlich mit kräftigem regionalen Akzent) auf wenige Situationen, etwa die Fernsehnachrichten beschränkt; in der anschlie-

ßenden Talkshow oder Diskussionsrunde wird selbstverständlich Schwyzerdütsch gesprochen, und es wäre sicherlich für einen deutschsprachigen Schweizer nachteilig, wenn er *keine* der vielen Varianten des Schwyzerdütsch beherrschen würde – er gehörte dann „nicht so richtig dazu".
Dass Halle an der Saale ein Image-Problem hat, ist allgemein bekannt. Die negative Selbsteinschätzung vieler Hallenser/innen entspricht leider einer vielfach negativen Außensicht, die sich im Wesentlichen auf die Aspekte „(leer stehende) Plattenbauten", „soziale Probleme" und die (in Halle selbst schon in Vergessenheit geratene) frühere Umweltbelastung durch die chemische Industrie in Leuna und Schkopau konzentriert. Gerade so, als gäbe es z.B. in München und Hamburg keine Plattenbau-Großsiedlungen (dort heißen sie aber nicht so, sondern: München-Hasenbergl oder München-Neuperlach usw.). Allerdings kann man den „Außenstehenden" eine so negative Sicht eigentlich nicht verübeln – wenn schon viele Hallenser selbst nicht von sich und ihrer Stadt überzeugt sind.
Dieses „negative Prestige" spiegelt sich unmittelbar wieder in der negativen Einschätzung des hallischen Dialektes, wie es in unserer kleinen Untersuchung zum Ausdruck kommt. Solche negativen Bewertungen werden oft ins Ästhetische „übersetzt": der hallische Dialekt soll demnach „grob", „hässlich", „schludrig" usw. klingen. Natürlich sind alle solche Einschätzungen Geschmackssache und lassen sich nicht „objektiv" begründen – die Schönheit liegt stets im Auge des Beschauers bzw. im Ohr des Hörers. Es besteht kein Grund, ausgerechnet Halle an der Saale in einem besonders negativen Licht zu sehen. Dasselbe gilt auch für seinen „Dialekt". Auch in ihm spiegelt sich die Geschichte der Stadt – die Beziehungen nach Norddeutschland, Berlin, Sachsen und Thüringen, die Rolle der Salzgewinnung und der Halloren, die darin gearbeitet haben; die sozialen Unterschiede zwischen den einzelnen Vierteln der Stadt. Zweifellos ist hier noch viel Forschungsarbeit zu leisten und vieles Interessante aufzudecken. Der erste Schritt dazu ist es, sich dieses Erbes bewusst zu werden; hierzu möchte unser kleines Buch beitragen.

Sprachtest:

Was meint der Hallore mit der „Lawwe"?

a) den Busen
b) den Mund
c) den Zeh

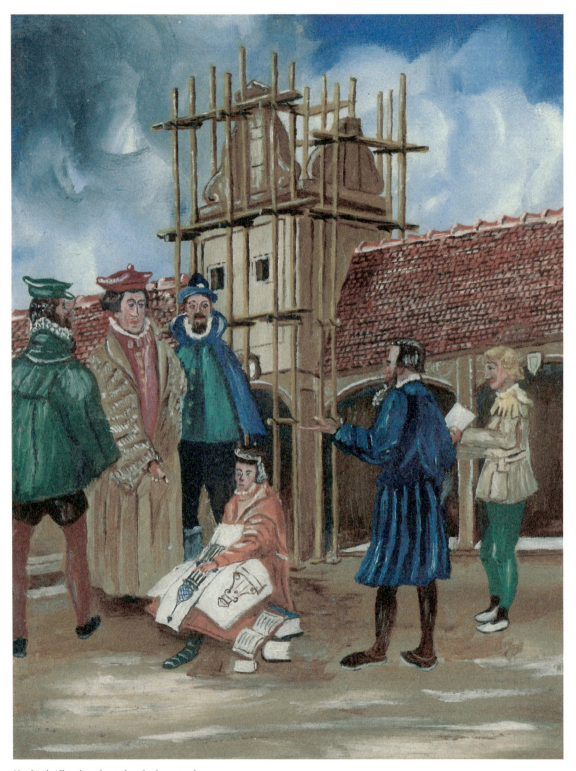

Kardinal Albrecht erbaut den Stadtgottesacker

ZUR GESCHICHTE DER STADT HALLE
(kurzer historischer Abriss)

Dies soll ein kleiner Einblick in Halles Historie sein. Zugleich bietet dieses Kapitel die Möglichkeit sich mit dem hallischen Dialekt vertraut zu machen (Unbekannte Wörter können Sie im Glossar am Ende des Buches nachschlagen).

Als Ort wird Halle erstmals 806 erwähnt. Rund 150 Jahre später wird die Burg Giebichenstein zum ersten Mal genannt.

De Burch Jibichenschdeen

961 worde de Jibichenschdeen erschdmals urgundlich beniemt. In dr zweeten Hälfde des zwölfdn Jahrhunnerds bejann mor mit dr Errichdung eener schdeenernen Befestjung dr Oberburch. De Burch diende den Machdeburjer Erzbischhöfn als zeidweiljer Rejierungssitz, bis zor Fertichstellung dr Moritzburch in Halle als Hauptresidenz. Im Dreischjährjen Kriech (1636) worde de Fesdung deilweise zerleddert. Zor Wende vom achtzeendn zum neinzeendn Jahrhunnerd war de Burchruine n bedeidendes Sümbol deitschor Romandig. 1906 erwarb de Schdadt Halle de Burchruine von dr preisschn Domänenverwaldung un machde se dr Öffentlichkeet zujänglich. Seid 1966 isse n Archidekdurmuseum. Im Erjebnis umfassndr Resdaurierungskleeche seid Anfang dr 90er Johre worden weidere Mauerresde freijelechd. Wodorch sich n Besuch offm Jibichenschdeen deidlich scheener jeschdalded. Dr Vordorm bieded als Kieckdorm n eenmaljen echd schneffdn Blig üwwers Saaledaal. De Unnerborch is seid 1921 Sitz dr heidjen Hochpenne für Gunst und Disein.

Um 968 wird Halle dann dem neugegründeten Erzbistum Magdeburg angegliedert und 984 erhält Halle das Markt-, Zoll-, Münz- und Baupriveleg.

1281 wird Halle als Hansestadt erwähnt.

Von 1418 bis 1506 wurde in Halle der einzige freistehende Glockenturm Deutschlands gebaut, der Rote Turm".

Dr Rode Dorm

Dr Rode Dorm steed offn Marchtblatz un worde 1418 im Schnidbungd dr Fernhandelsstraßn als freistehender Gloggendorm errichded. Er issn Symbol vom offstrebndn börjerlichn Bewusstsinns, de Börjer von Halle wolldn nämich frei sin, dodal unabhängich von dr Machd dr Görche. Seid 5. Juni 1993 beherberchd er 's wahrscheinlich größde Gloggnjebimmel dr Weld. Fürn Nam vom Roden Dorm jibts viele Deitungen. Viele Leide meenen er jeht off 's Blud zurück was zu sein Gnochn verjossen worde. An dem Dorm hängt nämich a Dyb, dr Roland un vor dem worde jerichded, och mit m Schwerd. Deswechen is dr Roland n Zeechen von dr hohn Jerichtsbarkeed. Abrobo gild Halles Roland als eenzige Zivilist in dr Jarde dr ansonsdn uniformierdn deitschen Rolande.

1478 verlor Halle die städtische Freiheit an den Erzbischof Ernst von Magdeburg. Daraufhin wurde 1484 bis 1503 die Moritzburg als Residenz der Erzbischöfe erbaut.

De Moritzburch

De Mortizburch had 4 Flüchel un is seid 1637 ne Ruine. Se worde in ner Zeid zwischen Godig un dr Renaissance jebaud un deswechen isse keene richtje Burch un och keen richtjes Schloss. Im dreissjährjen Kriech jabs a Rungenat, da hatse nämich je-

brannd, awwer gliglicher Weese worde se zum Deil widder erneierd. Heidzudache isses de Heemte vom Landesgunstmuseum von Sachsen-Anhald. In dr Nordbasdion is nu dr Schtubbeldendendreff.

Die Geschichte der Stadt Halle ist eng mit der Salzproduktion verbunden. Das Salzwerk im „Thale zu Halle" beherrschte im Mittelalter große Gebiete des mitteleuropäischen Salzmarktes. Die wirtschaftliche Blüte der halleschen Saline im 14. Jahrhundert und im 16. Jahrhundert prägte das städtische Bild nachhaltig. Zum „Stadtbild" gehörten über Jahrhunderte hinweg die „Halloren", die sich 1524 in einer Salzwirkerbrüderschaft zusammenschlossen.

De Hallorn

Dr Name „Hallore" war im erschdn Driddl vom 20. Jahrhunnerd für de Schdadt Halle bezeichnend. Die Leide, die im Thale zu Halle für de Salzjewinnung kleechdn, wordn im Middelalder als „Hall – Leute" oder „Hallvolk" beniemt. Dorch de Latinisierung endschdamd dr heidje noch jebrauchde Begriff „Hallore" für de jesamde Sippe von dr Briederschafd.

Abrobo *wenn mor eema dabei sin. Nur das keene Jerichde offgom müss mer ma was verglamiesern: De Hallorn sinn die Leide, die fürs Salz ochsen. De Hallenser sinn die Scheekser und Ischn, die schon als Baaweduddchen in Halle warn. Wenn de also zujezochen bist, bisten Hallunke!*

Ab 1608 wird Halle dem Kurfürstentum Brandenburg angeschlossen.

1685 wird Georg Friedrich Händel in Halle geboren.

Dr Georch

Dr Georch war n guder, doller Gombonist, deswechen schengdn Musikfreunde vom Georch zu seim 100. Todestach ne 3,20 Meder hohe Bronzestatue offm Marmorsoggl un zwar war das im Jahre 1859. Da sted dr Hanflittich nu offm Marchd in lufcher Höh in seim dufdn Hurraklüftchen un ilzd in de Richtung von England, weil das speder zu seiner zweedn Heemte worde. In eener Schwiete stützt dr sich nu mitm Dagtstog in dr rechdn Lamäng off das Dirigenenbuld wo druff de offjeschlachnen Nodnblädder vom „Messias" liejen. Weil er da nu schon so lange schdehd sinn schon ne Kolonne von Leidn dahin jepiljerd, un ne janze Schar Dilpsche ham ihn off sein Deez jeschissen.

1694 wurde Halles Universität gegründet. Ein Jahr später werden von August Hermann Francke, einem der bedeutendsten Vertreter des deutschen Pietismus, die Franckeschen Stiftungen errichtet. Bis 1945 bildeten sie eine sogenannte Stadt in der Stadt. Das historische, überwiegend aus Fachwerk konstruierte Gebäudeensemble, darunter das mit über 100 Metern Länge größte Fachwerkhaus Europas, ist ein Freilichtmuseum besonderer Art.

1806 wird Halle an der Saale durch napoleonische Truppen besetzt. 1807 kommt die Stadt zum Königreich Westfalen und erlangt weitgehende Autonomie.

1840 erhält Halle an der Saale einen Eisenbahnanschluss und wird damit zu einem Knotenpunkt des wachsenden Eisenbahnnetzes.

1891 nimmt die erste elektrische Straßenbahn Deutschlands in Halle ihren Betrieb auf.

Im weiteren Verlauf wird dann 1913 das Landesmuseum für Ur- und Frühgeschichte eröffnet.

Im Jahre 1933 erhält die Universität den Namen Martin-Luther-Universität.

Und schließlich wird 1948 Halle an der Saale die Hauptstadt des Landes Sachsen Anhalt. Nach der Wende übernahm diese Funktion dann allerdings Magdeburg.

„Rempelecke" am Kleinschmieden, nur Teile der Straße waren gepflastert, der Rest nach Regengüssen oft morastig; Studenten und Soldaten gerieten hier oft aneinander, was den teils rüden Methoden der Werber für den Kriegsdienst geschuldet war; manchmal landete der Unterlegene im Schlamm

DR HALLSCHE DIALEKT

Bei den durchgeführten Umfragen war immer wieder auffällig, wie schwer es den Menschen zu fallen scheint, die regelmäßigen Unterschiede zu beschreiben, in denen die Hallesche Mundart von der deutschen Hochsprache abweicht.

Im Folgenden soll dieser Versuch unternommen werden, der jedoch keinen Anspruch auf Vollständigkeit oder „Verbindlichkeit" erheben möchte.

Änderungen von Vokalen

Der Klang einiger Vokale ist mit den Schriftzeichen unseres Alphabets nur schwer wiederzugeben. So liegt die Aussprache des Buchstaben „i" oft zwischen den Vokalen „i" und „e", das „o" wird oft mehr zum „u" hin gesprochen und das „e" kann einen Anklang von „ä" haben. Dazu kommt, dass die Aussprache auch von vielen verschiedenen Faktoren abhängig ist, die der halleschen Mundart eine gewisse Dynamik verleihen. So beschreibt Robert Moritz im Jahre 1907 in der dritten Auflage seines Buches „Hallorengeschichten" „die Vokale, die die alten Leute sprachen, breit, dunkel und voll, sie ‚nahmen den Mund voll' beim Reden." Moritz selbst zählte sich bereits zu einer Generation, die eine weitestgehend klare und offene Aussprache besaß.

- -ai- anstelle von „eu" oder „äu"
- äußern wird zu aißern
- neugierig wird zu naijierich

- -ä- anstelle von „e"
- Fehler wird zu Fähler
- Schere wird zu Schäre

- -ä- anstelle von „ö"
- hören wird zu hären
- betören wird zu bedären

- -ä- anstelle von „i" wenn „r" folgt
- Gebirge wird zu Jebärche
- wirklich wird zu wärchlich

- -e- oder -ee- anstelle von „ö"
- böse wird zu beese
- Förster wird zu Ferschder

- -e- oder -ee- anstelle von „äu"
- träumerisch wird zu treemerisch
- läuft wird zu leefd

Sprachtest:

Wie heißt „schlafen" auf hallesch?

a) roochen
b) boofen
c) schoofen

- -e- oder -ee- anstelle von „ei"
- eins wird zu eens
- Bein wird zu Been

- -i- anstelle von „ie" oder „ü"
- Bühne wird zu Bihne
- wieder wird zu widder

- -o- anstelle von „u", wenn „r" folgt
- Durst wird zu Dorschd
- Turm wird zu Dorm

- **-oo- anstelle von „au"**
  - auch wird zu ooch
  - Baum wird zu Boom (aber Plural: Baime!)

- **-u- anstelle von „au"**
  - aufgeregt wird zu uffjerechd
  - aufhören wird zu uffheern

Keine Änderung der Vokale tritt bei den Wörtern „raufen" und „saufen" und bei allen Wörtern mit der Vorsilbe „aus" ein.

Sprachtest:

Wie nennen sich die „Spinnen" in Halles Kellern?

a) Punker
b) Ranker
c) Ganker

Abwandlung von Konsonanten

Im Halleschen Dialekt wird beim Sprechen kaum zwischen „d" und „t", „g" und „k" und „b" und „p" unterschieden. Noch in der ersten Hälfte des 20. Jahrhunderts war es deshalb üblich, in der Schule zusammengefasst von hartem und weichem „d", „g" und „b" zu reden.

- **-ch- anstelle von „g" oder „k"**
  - sagen wird zu saachen
  - Markt wird zu Marchd

- **-f- anstelle von „pf" am Wortanfang**
  - Pferd wird zu Fährd
  - Pfeffer wird zu Feffer

- **-bb- anstelle von „pf" am Silbenende**
  - Strumpf wird zu Schdrumbb
  - hüpfen wird zu hubben

- **-g- anstelle von „h"**
  - Schuhkarton wird zu Schuggardong

- **-g- anstelle von „k"**
  - Karnickel wird zu Garniggel
  - kümmerlich wird zu gimmerlich

- **-g- als Anhang der Endsilbe „on"**
  - Bonbon wird zu Bombong
  - Pardon wird zu Bardong

- **-schb- anstelle von „p" in „sp"**
  - Spleen wird zu Schblihn
  - Spucke wird zu Schbugge

- **-j- anstelle von „g"**
  - Gang wird zu Jang
  - gegenüber wird zu jeejenäwwer

- **-ww- anstelle von „f" oder „ff"**
  - Stiefel wird zu Schdiwwel
  - Schiffer wird zu Schiwwer
  - Teufel wird zu Deiwwel

- **-d- anstelle von „t" in „st"**
  - Festung wird zu Fesdung
  - Gestalt wird zu Jeschdalt

- **-gg- anstelle von „ck"**
  - locker wird zu logger
  - Zucker wird zu Zugger

Grammatikalische Abweichungen

Wie wahrscheinlich jeder Dialekt, hat auch der Hallesche mundartliche Besonderheiten, deren Entstehung heute nicht mehr nachzuvollziehen ist. Wie die Aussprache variieren jedoch auch grammatikalische Abweichungen im alltäglichen Sprachgebrauch.

Falsche Pluralbildung durch Anhängen eines „r"

Resder	statt	Reste
Steener	statt	Steine

Falsche Pluralbildung durch Anhängen eines „s"

Jungens	statt	Jungen
Frauens	statt	Frauen

Falsche Pluralbildung durch Anhängen eines „n"

Schdiwweln	statt	Stiefel
Ginnern	statt	Kinder

Artikelabweichungen

das Draht	statt	der Draht
der Jummi	statt	das Gummi
der Lider	statt	das Liter
der Meder	statt	das Meter

Sprachtest:

Zu wem geht man, wenn man den Seefendoktor besucht?

a) zum Hautarzt
b) zum Kosmetiker
c) zum Frisör

Umgehung der Genitivbildung

meim Vader sei Haus statt das Haus meines Vaters

Wen sei Buch? statt Wessen Buch ist das?

Platz vor dem Stadttheater, das im Hintergrund zu erkennen ist, im Vordergrund die Siegessäule

DAS STADTWAPPEN VON HALLE AN DER SAALE

Die Geschichte des Stadtwappens von Halle an der Saale

In grauer Vorzeit standen an dem Ort, an dem heute unzählige Kirchtürme auf die Stadt Halle herunterblicken, nur 96 einfache Hütten aus Stroh und Holz. In diesen Behausungen wohnten schon damals Halloren und sotten ihr Salz. Eines Tages, in einer ruhigen Stunde in der die Salzsieder ihr Handwerk für einen kurzen Augenblick ruhen ließen, kam ein Bischof des Wegs. Er hatte seinen Sitz in der Burg zu Giebichenstein und ihm gehörte das Land, auf dem die Halloren siedelten.
Sie baten ihn um Erlaubnis, an dieser Stelle eine Stadt erbauen zu dürfen. Der Bischof schaute auf die ärmliche, von der Arbeit schmutzige und entkräftete Meute und brach in schallendes Gelächter aus. „Habt ihr einen guten Käufer für eure Lumpen gefunden, dass ihr davon eine ganze Stadt erbauen wollt?"
Die Arbeiter ließen sich nicht verdrießen und entgegneten dem mächtigen Mann:

„Han wir hüte Water und Holt,
So han wir morne Silber und Gold."

„Nun, so baut in Gottes Namen mit Wasser und Holz", rief der Bischof, „und es leuchte Euch Sonne, Mond und Sterne". Und zum Andenken an jenen Ausspruch finden sich noch heute im Wappen Sonne, Mond und Sterne.

Ob dies nun die wahre Entstehungsgeschichte des Stadtwappens zu Halle ist, bleibt auch in diesem Büchlein ungeklärt.
Erstmalig findet man das Wappen in der heutigen Form am Anfang des 14. Jahrhunderts. Damals war es jedoch das Siegel des Talschöffengerichts, dem die Ordnung über das Rechtsleben in der Talstadt Halle, dem Ort der Salzgewinnung, oblag. Noch im gleichen Jahrhundert fügte man dieses Siegelbild der thronenden Maria hinzu, die von nun an gemeinsam mit Mond und Sternen das Ratssiegel darstellte.

Um das Jahr 1450 hatte die Machtentfaltung der mittelalterlichen Stadt Halle ihren Höhepunkt. Als die Stimmen nach einem nötigen Stadtwappen immer lauter wurden, wählte man das eigentliche „Beiwerk" der Maria des Ratssiegels, eine rote Mondsichel zwischen zwei roten Sternen auf silbernem (weißen) Hintergrund.
Die älteste vorhandene Darstellung ist die der Wappensteine über dem Moritztor aus dem Jahre 1457, die sich heute im Museum Staatliche Galerie Moritzburg befinden. Seit dem 15. Jahrhundert erscheint dieses Stadtwappen auch in der Stadtverwaltung, so z.B. als Exlibris in Handschriften und Büchern des Stadtarchivs und der Ratsbücherei.
Über die tatsächliche Bedeutung des Wappens wurden bis dato neben verschiedenen, manchmal recht abenteuerlichen Überlieferungen keinerlei geschichtliche Dokumente gefunden.

HALLE AN DER SAALE – STADT DER REKORDE

Ein Professor der Martin-Luther-Universität Halle-Wittenberg sagte einmal in einer Vorlesung: „Halle war damals (im 18. Jahrhundert) das New York Europas."
Über diesen Vergleich lässt sich sicherlich streiten, doch sollte man die einstige Metropole der Salzgewinnung auch in den heutigen Zeiten nicht unterschätzen. Dass dies dennoch geschieht, zeigen u.a. unsere Umfrageergebnisse, nach denen die Mehrheit der Befragten ungern Dialekt sprechen, weil sie dadurch oft ihre Herkunft preisgeben. Wie stolz jedoch die Hallenser auf ihre Geburtsstätte sein können, sollen folgende „Rekorde" zeigen.

Größer, besser, weiter, mehr ...
Wussten Sie, dass Halle mit seinen 239.355 Einwohnern und einer Fläche von 135 km² die größte Stadt des Landes Sachsen-Anhalt ist? (Stand 2002) Und nicht nur das. In der Liste aller Städte Ostdeutschland belegt Halle Platz vier. (Stand 2002)

Im Namen des Vaters, des Sohnes und des heiligen Geistes ...
Wussten Sie auch, das Halle in den Mauern der Marienkirche die größte und älteste evangelische Schriftensammlung Deutschlands beherbergt? Diese Institution wurde 1552 gegründet.

Halle – der Wissenschaftsstandort ...
Nicht jeder weiß, dass die Martin-Luther-Universität Halle-Wittenberg mit rund 17.000 Immatrikulationen im Jahr 2002 die größte Universität im Land Sachsen-Anhalt ist. Und bestimmt noch weniger Menschen wissen, dass sie in ihren Anfangszeiten fast ein Zehntel der 8.500 Studenten im gesamten Deutschen Reich beherbergte.

Kristalle aus Halle ...
Dass Halle früher eine Metropole der Salzgewinnung war, ist sicher nun jedem bekannt. Doch wer weiß auch, dass der Salinekomplex in Halle einer der am umfangreichsten erhaltenen in ganz Europa ist?

Lesen bildet ...
Wussten Sie, dass statistisch gesehen jeder Hallenser – vom Säugling bis zum Greis – wenigstens einmal im Jahr in die Bibliothek geht. Die Stadtbibliothek am Hallmarkt wurde übrigens im Jahre 1905 als „Lesehalle" eröffnet und steuert damit geradewegs auf ihren hundertsten Geburtstag zu.

Sprachtest:

Wie nennen die Hallenser ihren Hund?

a) Töhle
b) Kleffer
c) Quien

Sprachtest:

Wen nennen die Studenten scherzhaft Brodfresser?

a) den Professor
b) den Biologen
c) den Mediziner

Holdes Burgfräulein ...
Übrigens, mit der Burg Giebichenstein (heutige Bausubstanz v.a. frühes 15. Jahrhundert) und der Moritzburg (1484) stehen in Halle die älteste und die jüngste Burg entlang der Saale beieinander. In der Kreativität nehmen sich die Bauten trotz des Altersunterschiedes jedoch nicht viel. Während die eine schon 1909 ihre Dächer schützend über eine Kunstgewerbeschule ausbreitete und dies heute für die Hochschule für Kunst und Design tut, beherbergt die andere das größte und bedeutendste Kunstmuseum Sachsen-Anhalts: die staatliche Galerie Moritzburg.

Lass das Auto mal stehen ...
Viele Autofahrer, gerade auswärtige, schimpfen über Halles Verkehrsführung. Aber wussten Sie, dass Halle mit seinem Riebeckplatz den verkehrsreichsten Platz der neuen Bundesländer besitzt? Täglich rollen über 90.000 Fahrzeuge über ihn hinweg. Für die Neugestaltung des Platzes, die voraussichtlich 2006 beendet sein soll, hat die Stadt bislang 35 Millionen Euro eingeplant. Na dann ... frohes Schaffen!

Sprachtest:

Welches Wort bezeichnet tanzen?

a) loofen
b) roochen
c) schwoofen

Trödel am Winterabend

Auf der Saline

DIE SALZWIRKER-BRÜDERSCHAFT IM THALE ZU HALLE

Wer sich näher mit der Geschichte Halles beschäftigt, wird früher oder später auf eine Gruppe von Menschen treffen, deren Geschichte das Bild der Stadt entscheidend geprägt hat. Denn Halle ist nicht nur bekannt für seine Hallorenkugeln. Auf eine viel längere Tradition können die Namensgeber dieser süßen Köstlichkeit zurückblicken.

Im Jahre 806 berichtet ein Chronist erstmals von einer Siedlungsstätte namens „Halla". Im Zentrum dieser Stadt, dem heutigen Hall-Markt, befanden sich mittelalterliche Salzbereitungsstätten, auch Salzkoten genannt. Über mehrere Jahrhunderte hinweg lieferten hier vier Brunnen (in der Fachsprache als „Soleborne" bezeichnet) hochprozentige Sole, aus der die Salzwirker, über die man später als „Halloren" sprach, das Siedesalz herstellten. Manche Straßennamen zeugen heute noch von ihrer einstigen historischen Bedeutung, wie zum Beispiel der Hallorenring, die Hackebornstraße oder die Salzgrafenstraße.

1491 gründeten diese Arbeiter die „Salzwirker-Brüderschaft im Thale zu Halle", die eine der ältesten, heute noch existierenden werden sollte. Erst noch religiös ausgerichtet, entwickelte sich dieser Zusammenschluss schnell zu einer streng organisierten Arbeits- und Lebensgemeinschaft, zu deren Statuten bereits soziale Aspekte zählten, wie zum Beispiel Witwen- und Waisenversorgung.

Und noch heute halten die derzeit 55 Mitglieder der Brüderschaft ihre Traditionen hoch. Wer einmal den öffentlichen Schausiedeveranstaltungen im Technischen Halloren- und Salinemuseum oder einem der großen Brüderschaftsfeste beiwohnt, wird die typischen Festtrachten und alten Bräuche, wie das Fahnenschwenken, Fischerstechen oder den Zappeltanz, kennen lernen.

Und wer weiß, vielleicht entdeckt so manch einer den Salzwirker in sich, wenn er auf den „salzigen Spuren der Halloren" wandelt...

Eselsbrunnen am Alten Markt

HALLES PERSÖNLICHKEITEN

Menschen, die in Halle/Saale und Umgebung etwas geleistet oder verbrochen haben – oder als Sagengestalten umhergeistern

Wer	Was
Hans von Schönitz 1493–1535	war eine bekannte Persönlichkeit: Vertrauter des Kardinal Albrecht und Besitzer des Palais „Kühler Brunnen", das er am „Tittenklapp" errichten ließ, dem Standort eines ehemaligen Freudenhauses (zu sehen zwischen der Nordseite des Marktplatzes und der Kleinen Klausstraße). Hans von Schönitz endete durch Hinrichtung.
Christian Thomasius 1655–1728	war ein bedeutender Frühaufklärer und philosophisch gebildeter Jurist. 1690 wurde er aus Leipzig vertrieben und war Mitbegründer der Hallischen Universität, welche zur meistbesuchten „Hohen Schule" in ganz Deutschland wurde. Er war der Erste, der Vorlesungen in deutscher Sprache hielt.
Christian Wolff 1679–1754	war Philosoph und leidenschaftlicher „Sammler" von Ideen. Letzteres machte ihn zu einem der führenden Frühaufklärer, denn seine „Sammlungen" systematisierte er und veröffentlichte sie anschließend auf eine verständliche Weise. Christian Wolff war zeitweilig Universitätsprofessor in Halle, wurde vom „Soldatenkönig" Wilhelm I. verbannt, aber von Friedrich II. wieder zurückgeholt. Er bezog in Halle das „Christian-Wolff-Haus", indem sich heute das Stadtmuseum befindet.
Christian A. Käsebier 1710–	war ein bekannter Räuberhauptmann und Dieb und wird als „Edelräuber" bezeichnet. Käsebier wurde zwar mehrfach geschnappt, allerdings nie erhängt, denn er entkam immer wieder. Als Sohn eines hallischen Schneidermeisters, kam er in der Fleischergasse zur Welt und wuchs dort auf.
August H. Niemeyer 1754–1828	ist der Urenkel und Nachfolger von August Hermann Francke. August Hermann Niemeyer war Kanzler und Rektor der hallischen Universität. Er war gut mit Goethe bekannt. Am 18.04. 1827 teilte ihm der König mit, dass er ihm für einen Universitätsneubau 40000 Taler zur Verfügung stellen würde. 1834 war der Bau, als „Kaffeemühle" oder heute als „Löwengebäude" bekannt, fertiggestellt. Niemeyer hatte seinen Wohnsitz in der Großen Brauhausstraße 15.

Friedrich Ludwig Jahn
1778–1852

auch als „Turnvater Jahn" bekannt, erfand das Turnen, den ersten Turnplatz und einige Turngeräte. Er war in Halle Student, konnte sich aber mit dem lustigen Studentenleben nicht wirklich anfreunden. Polizeilich verfolgt, suchte er sich deshalb zeitweilig einen kleinen Zufluchtsort in einer Höhle am Saaleufer, genauer, am Fuße der Klausberge. Diese Höhle existiert noch heute und ist als „Jahn-Höhle" bekannt.

Arnold Ruge
1802–1880

war philosophischer und politischer Publizist. Er gab die berühmten Hallischen Jahrbücher heraus. Ruge war zeitweilig Privatdozent und Stadtverordneter der Halloren in Halle. Er wohnte in der Mauerstraße 6 und verfasste seine Schriften im Garten der Burg Giebichenstein.

Ludwig Wucherer
1790–1861

war hallescher Fabrikant und „Aktivist" der Befreiungskriege. Außerdem war er hallescher Kommunalpolitiker und um die Entwicklung von Halle zum Eisenbahnknotenpunkt und zur Theaterstadt bemüht. Er wohnte in der Großen Ulrichstraße 57. Zuletzt lebte er auf seinem Gartengrundstück vor dem Steintor (am heutigen Eingang der Ludwig-Wucherer-Straße).

Carl August Schwetschke
1759–1839

war Buchhändler und Verleger in Halle, zudem Kommunalpolitiker und Vorkämpfer eines modernen Buchhandelsrechts und Verlagsrechts. Er hatte seinen Wohnsitz in der Großen Märkerstraße 10.

Carl August Jakob
1798–1866

war hallescher Fabrikant, Kaufmann und Kommunalpolitiker, war Gründer einer Rübenzuckerfabrik in Halle. Der Besitz seiner Zuckersiederei am Hospitzplatz war sein Ein und Alles.

Carl Adolph Riebeck
1821–1883

war ein Pionier der Industriellen Revolution. Er war Bergarbeiter und arbeitete sich dort zu einem führenden halleschen Kapitalisten hoch, ein Förderer des technischen Fortschritts und Wegbereiter der chemischen Industrie in Mitteldeutschland. Sein Wohn- und Verwaltungsgebäude befand sich am heutigen Riebeckplatz.

Agnes Gosche
1857–1928

war die erste Hallenserin mit einem Doktortitel. Sie wurde bekannt durch Wirken für die Reformpädagogik. Sie setzte sich für Frauenrechte ein und war Gründungschefin der Städtischen Frauenschule in Halle 1911. Außerdem war sie Initiatorin des ersten Volkskindergartens und der ersten Kinderlesehalle, zu sehen in der Burgstraße. Ihren Wohnsitz hatte sie in der Heinrichstraße 1, heutige Martha-Brautzsch-Straße. – Übrigens war es die Martin-Luther-Universität Halle-Wittenberg, die zum ersten Mal in Deutschland einer Frau den Doktortitel verlieh – der Ärztin Dorothea von Erxleben im Jahre 1754.

BEFRAGUNGEN DER HALLISCHEN BEVÖLKERUNG

Der hallische Dialekt – wie ihn die Bewohner von Halle/Saale beschreiben und bewerten.

Mit dieser Ausarbeitung wollen wir niemandem zu nahe treten oder gar beleidigen. Es werden hier lediglich etliche Fragebögen ausgewertet, die von Hallischen Studenten beiderlei Geschlechts zwischen 19 und 28 Jahren ausgefüllt wurden. Alles in allem sollte diese Auflistung eher mit Humor betrachtet werden und mit Interesse gelesen werden: Es ist doch immer wieder spannend, welches Bild man von sich selbst bei anderen Leuten und unterschiedlichen Betrachtern hinterlässt. Hier haben nun die Hallenser einmal die Chance, aus einem sehr schmalen Blickwinkel einige, eher amüsante Meinungen von Außenstehenden und Landsleuten zu lesen.

Bewohner, die erst nach Halle gezogen sind:

Zu den Bewohnern von Halle zählen nicht nur die Einheimischen und die dort geborenen, sondern auch die vielen Zugezogenen, wie zum Bei-

Der Löwenritt zur Rektoratswahl

spiel die Studenten, Berufsschüler oder Arbeitssuchenden in dieser Region. Somit unterscheiden sich natürlich auch die Bewertungen bezüglich des Dialektes, den man entweder selbst spricht, oder tagtäglich zu hören bekommt.
So halten sich die positiven und negativen Bewertungen von den Neulingen in Halle über den hier heimischen Dialektes, recht gut die Waage. Oft werden Vergleiche mit anderen bekannten Dialekten gezogen. So finden einige Studenten das Hallische nicht so schlimm wie das Sächsische sei, oder ziehen ähnliche Schlüsse zum Sprachstil in Leipzig oder zum Plattdeutschen. Ansonsten sei der Dialekt recht sympathisch, gemütlich, lustig und eher interessant. Da er nicht so sehr auffällig sei, könne man ihn wohl auch recht gut verstehen, geben die Befragten zur Antwort.

Doch die Meinung hierüber geht unter den zugezogenen Hallensern weit auseinander, denn einige finden den Dialekt in Halle recht undeutlich, da viel genuschelt werde und dabei einige „Jammertöne" zum Vorschein kämen. Dabei klingt das Sprechen, laut den Befragungen, etwas „dümmlich", „schlimm", „dreckig" und „schludrig". Im Vergleich erscheint das Hallische schlechter als der Mansfelder Dialekt. Allgemein würden aber nur ältere Leute in sehr starken Ausprägungen des Hallischen sprechen.

Auch Halle an sich, wirkt bei den meisten neuen Bewohnern erst auf dem zweiten Blick schön und gemütlich. So halten einige Zugezogene Hallenser ihre neue Heimat für grau, eng, zu kleinstädtisch, heruntergekommen und trostlos. Da es für sie nur wenig schöne Ecken in Halle gibt, wirke es eher dreckig, hässlich und schlimm, wie ein schwarzes Loch mit den vielen Plattenbauten, die recht modernisierungsbedürftig sind. Leider erkennen diese Bewohner in Halle eine „geteilte" Stadt, die in dem alten Viertel graue und kaputte Straßen aufweise und ansonsten recht chaotisch und unübersichtlich sei.

> Sprachtest:
>
> Wie rufen die Hallenser ihre Frösche?
>
> a) Moorkäcker
> b) Quaker
> c) Sumpfer

Ein großer Teil der neuen Bewohner von Halle allerdings bemerkt die schöne, freilich zu kleine Altstadt, in der man sich wohl fühlen und ein nettes, niedliches und familiäres Flair verspüren könne. Man könne sich in den gemütlichen Kneipen aufhalten, gut einkaufen, alte Häuser bewundern, oder auch kulturell viel in Halle unternehmen.

Diese Zweiteilung der Bewertung findet man auch wieder, wenn man sich nach den ersten Eindrüken von den Bewohnern der Stadt erkundigt. So fällt es den Befragten auf, dass manche Menschen in Halle recht muffig, aufdringlich, frustriert, asozial oder unentspannt und reizbar wirkten. Neben schlechten Autofahrern träfe man auch auf den Straßen von Halle auf Obdachlose, Menschen aus der Unterschicht, unfreundliche Beamte, mürrische, alte und unfreundliche Menschen. Alle anderen Leute seien aber wiederum recht nett, freundlich, aufgeschlossen, herzlich, lustig, unkompliziert und gemütlich. Auch alternative, junge, offene, hilfsbereite und individuelle Hallenser färbten das äußerst bunte Bild der Stadt. Wie auch sympathische, zuvorkommende und kulturbeflissene Leute auf den Straßen von Halle zu finden seien.

Genau wie dieses unterschiedliche Bild von dem Hallenser, von ihrer Stadt und von ihrem Dialekt, übernehmen die neuen Bewohner der Stadt auch die hallische Sprache auf ganz unterschiedlicher Art und Weise. Viele der Wörter stammen dabei zwar nicht aus dem ursprünglich

Hallischen, werden aber laut Angaben der Befragten dafür gehalten.

So werden zum Beispiel die Begriffe *Brätl*, eine Bezeichnung für ein halbes Hähnchen, der *Fitschi*, als abwertender Begriff für einen Japaner und auch die *Datsche*, eine kleine Laube im Sommergarten, fälschlicher Weise für Hallisch gehalten. Trotzdem prägen sich dennoch viele wirklich Hallische Wörter den Zugezogenen ein. So erkennen sie das ‚Na' und auch das ‚Woah' für die Zustimmung an, die ‚Molle' für ein Bier, den ‚Schecks' als Freund und die ‚Ische' als Freundin. Aber auch Begriffe wie ‚jirschen' für regnen, ‚illern' für herausschauen und der ‚Nüschel' als Bezeichnung für den Kopf gelten den Befragten als typisch Hallisch. Sie können sogar verschiedene Begriffe für die Tasche oder die Tüte benennen (‚Meta' und ‚Fikke', oder auch ‚Knoch') und sogar Wortgruppen des Hallischen reproduzieren (‚mache Jank' für „beeilen", ‚heeme jehen' für „nach Hause gehen"). Der Vogel an sich wird in Halle als ‚Vochel' bezeichnet und spezieller der Spatz als ‚Dilbsche'. Eine kleine Gasse, so wissen die Befragten, bezeichnet man in Halle als eine ‚Schlibbe'. Auch die Bezeichnungen für das Arbeiten und die Arbeit (‚kleechen' und ‚Malloche') sind den neuen Hallenser sofort aufgefallen, wie auch das ‚koofen', anstatt von *kaufen*.

Bei der Frage, ob es den Hallischen Dialekt auch wirklich gibt, oder ob bloß zufällig in Halle spezielle Bezeichnung für bestimmte Begriffe gebraucht würden, sind sich alle Befragten einig: Der Dialekt ist typisch für Halle und ist nirgendwo anders in dieser Ausprägung zu finden.

Nur bei der direkten Erklärung des Phänomens sind sich die Gemüter nicht einig. So ist das Hallische, laut den Befragten eine Mischung aus dem Berlinerischen und dem Sächsischen und wird von manchen sogar besser als diese beiden Dialektformen bewertet. Zur Bekräftigung dieser These geben sie an, dass das *g* zu einem *j* werde, die Vokale verkürzt würden und eine ganz bestimmte Stimmlage zur Betonung verwendet werde.

Alles in allem klingt vielen das Hallische jedoch wohl sehr grob und dabei primitiv im Ohr. Jedoch ist ein Dialekt bei alten Leuten durchaus akzeptiert, bei jungen Leuten wird er dafür als „sehr schlimm" angesehen. Nach manchen Angaben aus den Befragungen gibt es scheinbar auch gar keine „schönen Dialekte".

Bewohner, die schon lange in Halle leben, oder dort geboren sind:

Im Gegensatz zu den zugezogenen Hallensern, können die Einheimischen ihren Dialekt recht gut und in vielen Ausführungen beschreiben. Im Großen und Ganzen sind sie sich auch einig, dass es diesen Dialekt überhaupt gibt. So wird nach ihrer Ansicht in dieser Sprache das „g" zu einem „j", das „k" wiederum zu einem „g", das „au" zu einem „o", das „i" zu einem „ü", und das „ei" mutiert wohl zu einem doppelten „e". Dabei wird sehr „grob" gesprochen und die Worte eng an einander gekettet. Auch sind sich die Befragten einig, dass sie die Endungen der Worte oft verschlucken, vereinfachte Laute verwenden und diese ein wenig „leiern". Die jungen Leute unter den Befragten empfinden dieses nuscheln und nasale Sprechen als eine Mischung aus sächsisch und bayrisch und halten es eher für süß und niedlich.

So können viel auf Anhieb typische hallische Wörter benennen, wie *quäcken* für „weinen", *streechen* für „lügen", *majummen* für „regnen", *Mootschekiepchen* für „Marienkäfer", *Schnongse* für „Bonbons" und *Lulatsch* für „großer Mensch". Weitere typische Begriffe aus dem Hallischen sind für die Befragten *Ische, Bemme, Scheeks, Kirsche, Lusche, Matzbläcke, Moorkecker, Quien, Meiner* und das *Hasenbrot*.

Als typisch hallisch erscheint auch, dass die Endsilben der Wörter verschluckt werden (*ham* für „haben" und *Lem* für „Leben"), so dass einige Wörter etwas abgekürzt werden.

Die Mehrheit dieser jungen befragten Hallenser ist stolz darauf, ein Hallenser zu sein und in Halle zu leben, denn so leben doch die meisten Freunde von ihnen dann auch in Halle, die Stadt an sich ist eigentlich recht schön, so dass man sich darin wohl fühlen könne, die Menschen der Stadt wären nett und individuell und an sich käme doch auch schon Herr Genscher aus Halle. Genau für diese Leute ist das Hallische auch ein wenig identitätsstiftend, denn der Dialekt gibt anderen immer sofort gleich Auskunft über die Heimat und die Herkunft und verrät, dass man genau wie er ganz ungekünstelt wäre. So ist es doch auch ganz normal, dass jeder einen gewissen Dialekt hat, der nun mal typisch für die jeweilige Region ist, so erkennt man dann auch Menschen aus der Umgebung überall anders heraus. Für die Hallenser aber stiftet das Hallische das Gefühl der Zusammengehörigkeit.

Doch ganz im Gegenteil dazu halten einige Bewohner von Halle ihre Sprache eher für erbärmlich und grob und halten im Allgemeinen nichts von Lokalpatriotismus. Diese Leute erkennen auch keinen Zusammenhalt unter den Leuten, die den gleichen Dialekt sprechen und finden auch nicht, dass Halle etwas anderes ist, worauf man dann nun wieder stolz sein könnte.

Bei einer Frage sind sich dann aber auch doch mal alle befragten Bewohner von Halle einig, nämlich, ob sich das Hallische verändert hätte im Laufe der Zeit. Als Grund dafür geben sie an, dass sich nun immer mehr Leute bemühen, Hochdeutsch zu sprechen, viele Sprecher auch durch andere Dialekte beeinflusst werden und den Heimatdialekt somit immer mehr ablegen. Dann verändert sich eine Sprache im Laufe der Zeit ja sowieso, da immer mehr Leute zuwandern und sich Mischformen im Dialekt bilden, oder er mehr und mehr verloren gehe, weil ihn nur noch ältere Leute wirklich benutzen und sprechen können. Junge Leute können jetzt schon bald nur noch ganz bestimmte Schlagworte, da sich das Hallische an die Generationen anpasse. So findet man laut der Angaben, richtiges hallisch nur noch in niedrigen Milieus.

> Sprachtest:
>
> Was bezeichnet der Begriff Nischel?
>
> a) den Rücken
> b) den Kopf
> c) den Hals

Einen typischen Hallenser halten die Befragten für recht schwierig zu beschreiben, dementsprechend weit gehen auch die Angaben wieder auseinander.
So meinen einige, dass er sich wegen seines Dialektes schäme, meist arbeitslos sei, schlecht gekleidet auf die Straße gehe, dumm sei und alles besser wissen wolle und immer meckern müsse. Dabei wäre er dann auch noch neugierig, verschlossen, stur, unfreundlich, grummelig, unzufrieden und sitzt mit einer großen Klappe und einer Bierbüchse in der Hand vor einem Supermarkt.
Verwunderlich ist es jedoch, dass die andere Hälfte der Befragten einen ganz anderen typischen Hallenser vor Augen hat. Dieser ist nämlich wiederum sehr fleißig, hilfsbereit, freundlich, aufgeschlossen, lustig, nett und auch sympathisch und dabei ganz offenherzig.

Was man nun davon als Universalrezept für das Hallische, die Stadt und ihre Bewohner herausnehmen kann, ist noch recht fraglich. Scheinbar muss sich schon jeder selbst ein eigenes Bild von der Situation in Halle machen, um entscheiden zu können. Denn offensichtlich scheiden sich ansonsten bei fast allen Fragen die Geister sehr stark.

> Sprachtest:
>
> Was macht man, wenn man funzt?
>
> a) man lacht
> b) man weint
> c) man singt

Wir haben natürlich auch die ältere Generation Halles „unter die Lupe genommen", um etwas über den halleschen Dialekt zu erfahren. So haben wir im Zuge unserer Nachforschungen eine Zeitungsannonce in der Mitteldeutschen Zeitung (MZ) aufgegeben, in der wir nach Menschen suchten, die schon lange in Halle wohnhaft sind.

Mit diesen Personen haben wir Interviews geführt, in denen wir sie zum halleschen Dialekt befragten. Natürlich können auch diese Interviews keinen Anspruch auf Repräsentativität erheben, da hier nur subjektive Erfahrungen und Meinungen eine Rolle spielen. Allerdings kommt es uns ja eben gerade darauf an, echte, hautnahe Meinungen zu erleben. Außerdem sind diese Aspekte in den meisten Fällen die Interessantesten und bestätigen oft auch unsere Erkenntnisse aus der Literatur.

Zunächst waren sich alle Interviewten darin einig, dass es einen halleschen Dialekt gibt und das dieser nichts mit dem Sächsischen gemein hat.

Unterschiede gab es natürlich, wie auch bei der jüngeren Generation in der Bewertung des Dialektes. Einige waren stolz auf „ihren" Dialekt, für andere war das Sprechen des Hallischen eher negativ behaftet, da sie der Meinung waren, dass Dialekt immer mit niedrigerem Bildungsniveau in Verbindung gebracht werde (das wiederum geht konform mit der Literatur).

Auffällig war allerdings, dass gerade die Probanden, die in Vierteln aufwuchsen, in denen der Dialekt stark ausgeprägt war, wie beispielsweise im Glaucha-Viertel (früher auch als Arbeiterviertel bekannt), vermeiden wollten Hallisch zu sprechen.

> Sprachtest:
>
> Welcher Vogel heißt auf hallesch „Dilpsch"?
>
> a) der Raabe
> b) der Spatz
> c) der Adler

Die ältere Generation besitzt das Privileg, einen Blick zurück in die Vergangenheit werfen zu können. Bemerkenswert war ihre Meinung – und darin waren sich alle Probanden einig –, dass sich der Dialekt im Laufe der Zeit durch verschiedene Einflüsse (z.B. Zu- und Abwanderung) verändert habe und vor allem nicht mehr so stark ausgeprägt sei, wie in vergangener Zeit.

Jeder einzelne Interviewteilnehmer konnte sich explizit an viele verschiedene typisch hallische Ausdrücke erinnern, obwohl diese nicht mehr alle in der Alltagssprache genutzt werden. Neben diesem Bewusstsein, dass typische Wörter nicht mehr so stark verwendet würden, fiel jedoch allen Probanden auf, dass die Konsonantenverschiebungen („g" zu „j", „k" zu „g" und „t" zu „d") noch heute sehr verbreitet seien. Zum Beispiel *„Gino"* statt „Kino" oder *„Jehmer"* statt „Gehen wir".

Interessant waren allerdings auch Ausdrücke und Wörter, die wir weder aus der Literatur noch aus

Erfahrungswerten der jüngeren befragten Generationen erfahren haben. So erzählte uns beispielsweise eine der Interviewteilnehmerinnen, dass es früher in Halle üblich war rote Haare als „blau" zu bezeichnen.

Die Auswertung der Interviews mit der älteren Generation bestätigt eigentlich im Großen und Ganzen unsere Recherchen. Der Dialekt hat sich einem Wandel unterzogen; immer noch sehr stark sind die Konsonantenverschiebungen vertreten; es gibt tatsächlich Ausdrücke, die typisch hallisch sind, während manche typische Wendungen sich nicht bis in die heutige Zeit halten konnten.

Allerdings ist im Gegensatz zur jüngeren Generation festzustellen, dass sich die Älteren ziemlich einig über die Lautgestalt des Dialektes sind. Sprich: beim Beschreiben des Dialektes und beim Nennen hallischer Worte machten die Befragten relativ ähnliche Angaben.

Jedoch ist auch festzustellen – und das ist eine Gemeinsamkeit mit den „Jüngeren" –, beim Urteil, ob der Dialekt gefällt, scheiden sich die Geister auch hier.

DES RÄTSELS LÖSUNG

Der kleine Sprachtest in diesem Büchlein ist so angelegt, dass man die meisten Fragen beantworten kann, nachdem man die Texte und vor allem das kleine Glossar gelesen hat. Einige Worte, von denen in den kleinen Fragen die Rede ist, sind aber auch für verschiedene andere Mundarten typisch und können auch ohne Hilfe beantwortet werden.

Hauptsächlich soll der kleine Sprachtest eine lustige Auflockerung der ‚grauen Theorie' in manchen Kapiteln sein und die Anwendung des Hallischen für Interessierte zu trainieren.

Hier also nun die Auflösung:

Seite 15 – a;	Seite 17 – c;
Seite 18 – a;	Seite 19 – b;
Seite 25 – b;	Seite 26 – c;
Seite 27 – c;	Seite 30 – c;
Seite 30 – a;	Seite 31 – c;
Seite 38 – a;	Seite 40 – b;
Seite 41 – b;	Seite 41 – b.

Vielleicht sind Sie ja dem hallischen Dialekt schon fast mächtig, wenn nicht, dann probieren Sie es einfach noch einmal.

Viel Spaß!

Ost- und Südseite des Marktes mit (von links) dem Rathaus, dem Stadthaus und dem Kaufhaus „Lewin" (heute: Wöhrl und Haus des Buches im Nachfolgebau), im Vordergrund der Siegesbrunnen

Das Händeldenkmal mit einer Umzäunung im Stile des Barock; im Hintergrund ein Detail des Rathauses

GLOSSAR

abmorgsen	– ermorden	Flossen	– Hände
Ahmd	– Abend	Flundsch	– verzogner Mund, Enttäuschung anzeigend
anflaum	– schimpfen		
		funsen	– weinen
Bämme	– Scheibe Brot, wie z.B. Feddbämme		
		Gaggau	– Kakao
Baaweduddchen	– Baby	gambeln	– handgreiflich streiten
bedäbbert	– bescheuert	Ganker	– Spinne
beniemt	– benannt	Gewärche	– unübersehbares Durcheinander
bibbern	– zittern, frieren		
Biebn, de	– Geld, das	gibbeln	– mit dem Stuhl hin und her wippen
Biebmadds	– Vogel		
biesaggen	– zwicken, kneifen	Gimmelgärner	– Kümmelkörner
Bimmel	– Glocke, Schelle	Ginnerliddzchen	– Kinkerlitzchen
Bläke	– Zunge	Glabbe	– Mund
Blaudse	– Mund, aber auch Kopf	gloddsen	– starren, sehen
boofen	– schlafen	Gnadsch	– dummes Gerede, Ärger
Brodfresser	– Professor	Gnäggerchen	– kleines Feuerchen
buddzch	– putzig	gnaubeln	– mühsam etwas ablösen
		Grämbel	– Gerümpel
Däbbchn	– Töpfchen	Griemelgäse	– Kleinzeug, Krümelkäse
dachdeln	– hauen	Gusche	– Mund, z.B. halt de Gusche
Dähds	– Kopf	Gwaddradladschn	– grosse Füße, große Schuhe
Demmse	– feuchte Hitze	Gwaddsch	– Unsinn, Quatsch
diddschen	– eintauchen, aber offdidschen – aufwischen	gwähgen	– weinen
		Hanflittich	– liebevolle, scherzhafte Bezeichnung für einen Mann
Dilbsch	– Sperling, hauptsächlich im Nordteil von Halle		
		Hasche	– Kinderspiel mit Abschlagen
dribbeln	– tröpfeln, leicht regnen	Hidsche	– kleine Fußbank
Dust	– gebräuchlichstes Schimpfwort (nur in Halle)	hubben	– springen, hüpfen
		Hurrarklüftchen	– veraltert: schöne Kleidung
Fimmel	– Hirngespinst	**I**hsche	– Mädchen, Freundin
Flebbe	– Ausweispapiere, auch Mundverziehen	illern, ilzen	– gucken, sehen
fleedenjehen	– verloren gehen, flöten gehen	**J**emähre	– Bummelei, Verzögerung
		Jefliechel	– Geflügel
flennen	– weinen	jorschen	– stark regnen
Flidseboochen	– Vorrichtung zum Bogenschießen (Eigenbau)		

GLOSSAR

Kägger	– Liebling	Rungenat	– Unglück
Kirsche	– Jugendsprache: Frau		
Kleeche	– Arbeit, auch Arbeitsstelle	**s**chdängern	– Unfrieden stiften, aufhetzen
kleechen	– arbeiten	schdebbseln	– zukorken, zustöpseln
Klobbe	– Hiebe, „Dresche"	Schdoob	– Staub
Köbbert	– Kopfsprung ins Wasser	schdreechen	– lügen, vorflunkern, verkohlen
kreebeln	– sich durchbringen, durchschlagen	Schdulle/Bämme	– Brotschnitte
		Scheeks	– Freund, Kumpel
Kwanten	– Füße, Beine	Schiggse	– aufgetakelte Frau
		Schlibbe	– Durchgang zwischen zwei Häusern
laadschen	– nachlässig gehen		
Lauscher	– Ohren	Schnazier	– Sperling
Lawwe	– Mund	Schneerbel	– kleines Stück
Leinabelzer	– Arbeiter in Leuna (Industriepark)	schneffde	– schön, super
		Schnongse	– Bonbons
Luhmich	– großwüchsiger Junge	Schnusbel	– kleines (vielleicht naives) Mädchen
mähren	– etwas lansam ausführen, bummeln	Schwiete	– veraltet: Hand
		schwoofen	– tanzen
mandschen	– mit Wasser herumplanschen	seechen	– urinieren, pinkeln
Matzbläke	– dummes Gesicht	Seefendoktor	– Frisör
Mauke	– Lust haben/Meinung	Senge	– Hiebe, Prügel
Middenmang	– mittendrin	streechen	– lügen
Mootschekiepchen	– Marienkäferchen		
Moogchen	– Dorf	**v**erglabbsen	– zum Narren halten
Moorkäcker	– Frosch	verhonebibeln ziehen	– veralbern, ins Lächerliche
nähmhär	– nebenher	verhunsen	– unbrauchbar machen, beschädigen
Nischel	– Kopf		
Noobel	– Babysauger, Nuckel	verwammsen	– schwer verhauen, verprügeln
Nubbelpille	– kleines Auto		
nudschen	– saugen, lutschen	**W**ammse	– Dresche, Schläge
nüschds	– nichts	Wänster	– ungezogene Kinderschar
Oochenbligg	– Augenblick	**z**abbenduster	– sehr dunkel; vorbei, aus
		zerlaadschen	– zertreten
Quien	– Hund	zesammenknibbern	– zusammenknüpfen
		zesammjefriemelt	– zusammengebastelt
Raasche, in (franz.)	– Hetze, aber auch Wut	Zigge	– Ziege
rammdeesich	– verwirrt	Zos' chen	– Pferd

GLOSSAR

Übliche Redewendungen

Eene in de Lawwe,
Eene jebräzeld,
Eene jemaierd,
Eene jeschmierd,
Eene jeschallerd,
Eene voor de Fresse
Eene voorn Latz
Eene vorn Latz jeballert –

*das sind alles
vielseitige Ausdrücke allein
für die Redewendung:*

jemand eine Backpfeife erteilen, eine runterhauen.

Hald de Gusche! –
Halt den Mund!

Häärschde? –
Hörst Du?

Hawwichooch ... –
Habe ich auch ...

Ich mach mr heeme –
Ich gehe heim

Ich währs mr iwwerleechen –
Ich werde es mir überlegen!

Mer greebeln uns so durch! –
Wir schlagen uns so durch!

Määdjch ooch hammm! –
Möchte ich auch haben!

Nuh sachemah! –
Nun sag einmal bloß.

Wieso denn niche? –
Wieso denn nicht?

Närjend wo andersch! –
Nirgend wo anders!

Zum Abschluss der Redewendungen ein in Halle gebräuchlicher Reim:

Mir und mich verwechsle ich nich,
Das gommbt bei mich nich vor.
Halde nich e Schdrigg bei Dich,
Mei Hund, der will nich mit, mit mich.

Soleträger bei Nacht

QUELLENANGABEN

Da wir nun die ganze Theorie auf den Grundlagen anderer wissenschaftlicher Arbeiten erklärt haben, bedanken wir uns bei der freundlichen Hilfe aller Mitarbeiter an diesem kleinen Büchlein und erwähnen hier nur noch die Quellen, der tatsächlichen Zitate und Veröffentlichungen.

- Hoschke, Alfred. 1955. Die Sprachwende in Halle. In: Hall. Monatsheft Nr.12. Halle/S. S. 46–48
- Hoschke, Alfred. 1956. Eine Sprachgrenze glitt über Halle. Erg. zu d. Aufsatz in Hall. Monatsheft Nr. 12/1955: Die Sprachwende in Halle Halle/S. S. 101–103
- Osterloh, Albert-Leo. 1988. Typisch Hallisch. Vers. z. Abfass. e. Lexikol. üb. d. hall. Dialekt. 2.Aufl. Dortmund
- Sebastian Stein (Fotos von Halle/Saale)
- Stadtinformation Halle/Saale
- Weise, Oskar, Prof. Dr.: Unsere Mundarten, ihr Werden und Wesen. Zweite verbesserte Auflage. Verlag von B. G. Teubner in Leipzig und Berlin 1919
- www.halle.de
- www.halle.de/de/touristik/portraet/stadtrundgang/sehenswuerdigkeiten/print.asp
- www.halleinfo.de/abseits.php?menu=5

Vielen Dank!